Justus von Liebig

Nach dem Leben gezeichnet

Festrede, gehalten in der bayerischen Akademie der Wissenschaften am 11. März 1903 von Georg Friedrich Knapp

Liebigs Vater besaß ein Materialwarengeschäft, das in seinem sehr geräumigen Hause der Louisenstraße in Darmstadt betrieben wurde. Noch um 1847 kam es vor, daß die Mutter Liebigs im Laden saß, um die Aufsicht zu führen, während Gehilfe und Lehrling die Kunden bedienten. Das Gehen fiel der alternden Frau schon damals schwer, sie schien starke rheumatische Schmerzen zu haben. Nach dem Tode des Gatten (1850) lebte sie im hochgelegenen Erdgeschosse, ohne jemals auszugehen, vom Geschäft gänzlich getrennt, immer sitzend. Sie erzählte oft, daß sie die Eisenbahn noch nie gesehen habe und auch gar nicht neugierig darauf sei.

Ihr Zimmer lag nach dem Louisenplatz; es hatte einen breiten „Tritt" am Fenster, und vor dem Fenster waren, wie damals üblich, Spiegel angebracht in solcher Aufstellung, daß man die Straße hinauf- und hinabsehen konnte, ohne sich vom Stuhle zu rühren.

Es war für ältere Leute sehr unterhaltend, so die Nachbarn ausgehen oder heimkehren zu sehen. Auch kam hie und da ein Wagen gefahren, sei es der des Großherzogs oder jener neue Wagen, worin sich der Ballon mit Leuchtgas befand, der an manchen Häusern haltmachte, um in die dort aufgestellten Gasometer täglich das Gas einzupumpen. Der große Platz wurde damals neu gepflastert und war mit Laternen besetzt, die noch Öl brannten; sie wurden von weiß angestrichenen Schlangen gehalten, die sich um die Spitze des Pfahles ringelten. Die Schildwachen vor dem Kanzleigebäude, das gegenüberlag, trugen den Frack und Tschako der Napoleonischen Zeit. Das große

„Monument", die hohe Säule aus rotem Sandstein mit dem Schwanthalerischen Bilde Ludwig des Ersten, war noch nicht lange vollendet.

Das alles betrachtete die geduldige Frau Tag für Tag von ihrem Lehnstuhl aus. Ihren Enkeln, die im Herbst häufig zu Besuche dort eintrafen, schenkte sie, sobald die Messe anfing, jedem 18 Kreuzer. Bei Tisch wurden Zinnteller aufgesetzt, und das Fleisch wurde — zum Erstaunen der Enkel — vom Suppenteller gegessen; am Schlusse wünschte man sich „gesegnete Mahlzeit" — eine Sitte, die damals in Süddeutschland schon im Verschwinden war. Der Gatte wurde „Liebig" angeredet. Die Söhne und Töchter des Hauses sagten zu den Eltern „Sie", während die Enkel bereits ihre Großeltern mit „Du" anredeten. Die Köchin wurde mit dem singulären „sie" beehrt: „Mädche, komm' sie emal her." Frau Liebig kannte alle Leute in der Stadt und hatte manche treffende, etwas derbe Spitznamen in Bereitschaft, die sie wie etwas ganz Selbstverständliches in die Rede einflocht und auf die sich jedermann im voraus freute. In der Zeit der Kontinentalsperre soll die Frau den Gedanken eines großen Zuckerankaufs gehabt haben, wodurch, wie man sich erzählte, der Grund zu einem bescheidenen bürgerlichen Wohlstand gelegt worden sei. Scharfe Beobachtung der Menschen und große Besonnenheit waren ihre Haupteigenschaften; nie sprach sie laut und niemals viel. Ihr Bildnis, wie sie ruhig im Armsessel sitzt, lebensgroß in Öl gemalt, wurde im Hause ihres berühmten Sohnes etwa 1855 aufgestellt: es ist kunstlos, aber schreiend ähnlich, und die Enkel freuten sich, daß die blauen Adern auf dem Rücken der zarten Hände so deutlich erkennbar waren.

Herr Liebig, der Vater des Chemikers, war im Hause nicht viel zu sehen; er saß wohl im Kontor oder war in seinem Garten. Dieser Garten lag auf der anderen Seite der Stadt, da, wo jetzt die Martinskirche steht. In dem Gartenhause war ein Laboratorium, worin der alte Herr von jeher Versuche in Firnissen und Lacken machte. Als Mann in den Sechzigern hatte er einen etwas vorgebeugten Kopf von scharfem Schnitt; auch er redete wenig, und die Enkel bewunderten in seinem Zimmer die große Zahl von Fläschchen mit „Lebensbalsam", aus denen er Tropfen zu nehmen pflegte. Er besaß alte Bücher, besonders Chroniken aus dem 16. oder 17. Jahrhundert, die von den Kindern noch mehr angestaunt wurden. Auch hing an der Wand ein sehr seltsames Bild, zunächst ganz unbegreiflich: ein junges Weib, mit dem Ausdrucke höchster Angst im Gesicht, reichte ihre Brust einem alten Manne, der begierig und hastig die Nahrung der Säuglinge daraus einsog. Man erzählte, der alte Mann sei zum Hungertode verurteilt und seine Tochter ernähre ihn auf diese Weise bei ihren Besuchen im Gefängnis. Uns Kindern graute es, wenn wir jenes abgelegene Zimmer betraten und noch mehr, wenn wir dort schlafen mußten. Es lag neben der „guten Stube", die mit Möbeln aus der napoleonischen Kaiserzeit versehen und nur wenig benutzt war.

Eines Tages, als wir gerade in dem unheimlichen Zimmer schliefen, das über dem Hoftor lag, wurden wir durch ein furchtbares Pochen geweckt: die Leute auf der Straße schrien Feuer, Feuer. Es muß im Herbst 1847 gewesen sein. Ehe wir recht zur Besinnung kamen, trat unser Vater, der Schwiegersohn des Hauses, herein und nahm die Kinder aus dem Bett. Wir wurden über die Gänge auf den Hof geführt und sahen den Dachstuhl des Seitengebäudes brennen. In dem kleinen Hof, der voll von Kisten und Kasten für das Materialgeschäft stand, herrschte ein furchtbares Gedränge, man wurde gestoßen und getreten, aber zuletzt erreichten wir die Straße und wurden beim Pförtner des Kanzleigebäudes untergebracht.

Damals gab es keine Feuerwehr. Die Neugierigen strömten zusammen und wurden in eine „Kette" geordnet; lederne Feuereimer wurden gefüllt und flogen von Hand zu Hand, bis sie in den Bauch der Spritze ausgeleert wurden.

Das Hauptgebäude war ernstlich bedroht, und es enthielt die brennbarsten Vorräte, Öl und Spiritus, in großen Mengen. Der Brunnen im Hof war bald erschöpft, und es kam darauf an, ob die Spritzen hinlänglich durch die fliegenden Eimer gespeist werden konnten.

Andererseits aber wußte man gegenüber der Gefahr sehr gut Bescheid: Männer, die in Laboratorien arbeiten, fürchten sich vor der Flamme nicht. Am wenigsten der Sohn des Hauses, der auch zu Besuch in den Ferien anwesend war, Justus von Liebig. Er bestieg sofort das Dach eines niedrigen Magazins, von wo man die Brandstelle beherrschen konnte und richtete die Mündung des Schlauches nach dem Hauptherde. Der Dachstuhl des Seitengebäudes war freilich verloren und krachte bald zusammen, aber die anderen Stockwerke und das Hauptgebäude blieben unversehrt.

Nach einigen Stunden war der Brand gelöscht. Alle Bewohner des Hauses sammelten sich in der „guten Stube", jeder hatte seinen Leuchter mit der Talgkerze in der Hand. Der alte Herr Liebig war doch stark erregt; seine Frau hingegen gewann sehr bald ihre gewöhnliche Ruhe wieder. Man redete hin und her, wie das Unglück wohl entstanden sei oder tröstete, der Schade sei ja nur gering.

Da setzte der alte Herr Liebig seinen Leuchter auf den Boden, bückte sich an der Tür nieder und hob mit einigen Griffen die Schwelle heraus. Es zeigte sich ein verstecktes Behältnis. Der alte Mann legte sich nun auf den Boden und langte mit dem einen Arm in die Vertiefung hinunter. Er mochte wohl

Wertsachen herausholen oder wieder hineinlegen. Dann fügte er die Schwelle wieder ein, stand auf und ging mit seinem Sohne auf und ab: sie redeten von der Brandmauer, die rechtzeitig gegen das Nachbarhaus, die Merckische Apotheke, errichtet worden war und nun ihren Dienst getan hatte.

Am anderen Tage war der Professor Liebig bleich und unwohl. Man erfuhr, daß er beim Löschen gestürzt sei und sich leicht am Arm verletzt habe.

Die verkohlten Sparren des Daches waren bald abgeräumt, und nach drei Tagen erschien, als erstes Zeichen des Neubaues, im Hof ein großer Haufe Sand, auf dem alsbald die zahlreichen Enkel fröhlich zu spielen begannen.

* * *

Da J. von Liebig 1803 geboren war, fiel sein Leben fast ganz in die Zeit, die uns so traurig erscheint, da wir sie vom Standpunkte der deutschen Verfassungsgeschichte aus betrachten: Elend des Deutschen Bundes, Mangel politischer Führung des Ganzen, wesentlich partikulares Leben auch des preußischen Staates, Kleinstaaterei, höchstens hie und da einmal glückliche Beförderung der Kunst durch einzelne Fürsten. Dafür aber blühte damals die Wissenschaft in erster jugendlicher Frische auf, löste das ästhetischliterarische Zeitalter Weimars ab und wurde von der öffentlichen Meinung jener Friedensjahre im höchsten Grade geschätzt. Politisch entwickelte sich damals im stillen der biedere Zollverein und schuf vorläufig einen größeren Rahmen für unser noch ganz kleinstädtisches Leben und für die technisch noch wenig entwickelte Landwirschaft.

Was nun in dieser Zeit wohlgeordneter Kleinstaaten Liebig für die Wissenschaft geleistet hat, ist oft bei feierlichen Gelegenheiten dargestellt worden: seien es rein chemische Entdeckungen, seien es Anwendungen der Chemie zur Erklärung des tierischen und pflanzlichen Lebens. Eine Zeitlang schien es, als wäre nur eine seiner Leistungen nicht ganz erfolgreich gewesen, nämlich die Auffassung des Gärungprozesses. Sein großer Gegner Pasteur, der die Organismen in den Vordergrund rückte, erschloß ein neues Forschungsgebiet, während Liebig bezweifelte, daß solche lebende Wesen einen direkten Einfluß auf die Spaltung des Zuckermoleküls in Kohlensäure und Alkohol ausüben könnten. Neuerdings hat man beobachtet, daß jene Organismen gewisse Stoffe absondern, und daß diese Agentien, auch wenn sie von der erzeugenden Hefenzelle getrennt werden, also ohne Gegenwart der Zellen, die Zuckerlösung in Gärung versetzen.

So haben also beide Forscher recht, jeder auf seine Weise, und die großen Gegner könnten sich heute in Freundschaft die Hände reichen.

Aber all dies ist den Männern der Wissenschaft längst geläufig. Weniger klar dürfte ihnen die Persönlichkeit des Mannes sein. Man weiß in der Regel nur, daß er ein gewaltiger Herr gewesen sei, und sein äußeres Bild ist weit bekannter als sein Seelenleben, da ja begreiflicherweise die Naturforscher in der Regel die psychologische Seite ihrer hervorragenden Fachgenossen wenig beachten. Eine heilsame Selbstbeschränkung, die aber geradezu herausfordert, die Lücke auszufüllen. In diesem Sinne soll hier in anspruchsloser Weise allerlei erzählt werden, was nur seiner nächsten Umgebung bekannt ist, um das Bild des Mannes, wie es den Zeitgenossen erschien, lebendig zu erhalten. Versetzen wir uns nach München und etwa in die Zeit von 1861/62.

Es war Ball im Hause gewesen; wie immer nach einer schlechten Nacht kam Liebig sichtlich müde in den Hörsaal, und schon ehe er hinter dem Experimentiertische stand, hörte man ein leises „ach ja, ach ja" aus seinem Munde. Der Assistent, bescheiden an die Wand gelehnt, ahnte Schlimmes. Es war vom Kohlenstoff die Rede. „Diamant, nicht wahr, ist kristallisierter Kohlenstoff; hier zeige ich Ihnen einen Diamanten." Im blauen Schächtelchen sollte er liegen; der Professor öffnete es, hob langsam die Watte heraus — und der Diamant war nicht da. „Nun, Herr Doktor," wandte er sich zum Assistenten, „wo ist der Diamant?" Der Angeredete zog die Schultern in die Höhe und zuckte am ganzen Körper — antworten durfte er ja vor versammeltem Volke nicht. Die Zuhörer fühlten den nahen Krach und wurden von Mitleid ergriffen.

Mit ungeduldigem Ernst fuhr der Professor fort: „Herr Doktor, wo ist der Diamant?" Peinliches Schweigen und abschüttelnde Bewegung der Arme. „Ich muß von Ihnen den Diamanten fordern." Der also Gequälte trat vorsichtig heran, befühlte die Watte — und der Diamant lag darin! Ohne die geringste Ahnung von der menschlichen Seite des ganzen Vorgangs fuhr der Professor in voller Ruhe fort: „Also, meine Herren, der Diamant — wie Sie sehen — ist kristallisierter Kohlenstoff." Der Assistent lehnte sich im Hintergrunde behaglich an die Wand, sein Gesicht rötete sich von der erlebten Genugtuung, und die Zuhörer atmeten befriedigt auf. —

Die Entdeckung des Broms konnte Liebig nur mit schmerzlicher Bewegung vortragen. „Ich war damals ein junger Mann von 23 Jahren. Bei der Eindampfung der Kreuznacher Mutterlauge erhielt ich eine braune, scharf riechende Flüssigkeit; ich klebte einen Zettel auf das Fläschchen und schrieb darauf „Chlorjod", denn ich hatte mir eiligst einen Vers darüber gemacht. Kurze Zeit darauf erschien die berühmte Abhandlung von Balard, worin jener braune Stoff als neues Element, Brom, erkannt war — und das Fläschchen mit der harmlosen Inschrift stand noch auf meinem Tisch! Meine Herren, es war das letztemal, daß ich mir über irgend etwas einen Vers gemacht habe! Niemals, niemals darf man das tun, niemals, meine Herren!" Längere Pause wehmütiger Erinnerung — denn Liebig hat in der Tat kein neues Element mehr gefunden.

Was in der Natur, ohne Zutun des Menschen, Chemisches oder Physikalisches vorgeht, war selbstverständlich auch Liebigs Fall. Als er auf einer flandrischen Reise mit einem dortigen Freunde nach Amiens kam, wurde ihm der Dom gezeigt. Sein erster Gedanke war, ob man die vorschreitende Verwitterung solcher Gebäude nicht aufhalten könne durch Anwendung von Wasserglas. Damals wurde die Neue Münchner Zeitung gegründet, und in deren erster Nummer trug Liebig diesen Plan vor, gewiß zum größten Vergnügen seines Kollegen Fuchs, der das Wasserglas erfunden hatte. Der Baumeister ist hilflos gegenüber der Verwitterung; der Chemiker hat die schöne Aufgabe, der Atmosphäre Trotz zu bieten. Als später Pettenkofer die Regeneration der Ölgemälde erfand, regten sich unter den Chemikern ähnliche Empfindungen.

Als einmal ein begabter Kandidat im Examen stand, legte ihm Liebig die Frage vor: „Nun, Herr Kandidat, was ist der Zahn der Zeit — im Auge des Chemikers?" Eine Frage, die wegen ihrer höchst persönlichen Fassung so bezeichnend war, daß sie von da an sprichwörtlich wurde.

Wenn der Gießener Physiker Heinrich Buff die Mathematik lobte, so sagte Liebig: „Nun, sie ist ein Federmesser." Hierbei lag die Abneigung zugrunde, die alle morphologischen Denker gegen das rein Formale hegen, und es sollte zugleich angedeutet werden, daß hilfreiche Rechner ebenso leicht zu finden seien wie Leute, die einem Schriftsteller die Feder schneiden. Er hatte sogar eine Geringschätzung gegen Stadtpläne und fand, wenn er in London aufs Pflaster trat, seinen Weg mit Unfehlbarkeit allein.

Grausam absprechend war er oft gegen die Medizin, er, der für die Physiologie so viel Anregung gegeben hatte. „Die Medizin ist gar keine Wissenschaft", pflegte er seinem Schwiegersohn, dem Chirurgen Thiersch, entgegenzuhalten. „Mag sein," erwiderte dieser, „aber sie ist die Kunst, Kranke zu heilen." Dagegen war freilich nichts einzuwenden.

Von den historischen Wissenschaften war er noch weniger erbaut, doch griff er sie nicht an: er hatte gar kein Verhältnis zu ihnen. Nur das stand fest — sie lagen ihm tief unter den Naturwissenschaften; sie gehörten in seinem Sinne zur Gelehrsamkeit, und dies Gebiet war kaum geduldet. Der Gelehrte weiß ja nur, was irdendwo geschrieben steht; der Gelehrte war ihm nicht der Mann des Forschens, sondern sozusagen der Schriftwart. Wenn ein Gelehrter, zum Beispiel John Stuart Mill, etwas schrieb, so mußte es eine Verherrlichung der Naturwissenschaften sein, wenn es einigermaßen gewürdigt werden sollte, etwa Lobreden auf die induktive Methode. Nebenher wurde dann der Verfasser ein wenig bedauert, daß er nur das Lob vorzutragen, aber nicht die Kunst selber auszuüben verstehe.

Der Referent im Ministerium des Unterrichts hatte einmal eine heikle Sache mit Liebig zu besprechen. Um die Vorschläge des Ministers annehmbar zu machen, hatte sich der Herr Rat der Wendung bedient: „Als Gelehrter werden Sie das zu würdigen wissen." Da fuhr Liebig auf: „Als Gelehrter? Ich glaube gar, Sie wollen mich als Gelehrten betrachten; aber es tut mir leid — Sie wissen gar nicht, was ich bin; ein Gelehrter habe ich niemals werden wollen." Der erstaunte Herr hielt es für geraten, das Geschäft einstweilen auf sich beruhen zu lassen, und nahm bei der nächsten Pause des Gespräches Abschied.

Noch in den Anfängen der Gießener Zeit, also vor 1852, ereignete sich folgendes. Um den Bau des dortigen Laboratoriums durchzusetzen, schrieb Liebig an den hessischen Minister: „Bei der allgemein bekannten Fürsorge Eurer Exzellenz für die Wissenschaften..." und gleichzeitig an einen befreundeten, einflußreichen Rat im Ministerium: „Bei der allgemeinen Gleichgültigkeit Ihrer Regierung für unsere Universität bitte ich Sie, mein Gesuch kräftig zu unterstützen." Beim Adressieren wurden die Briefe verwechselt. In der nächsten Sitzung in Darmstadt tauschten der Minister und der vortragende Rat lächelnd ihre Schriftstücke aus; der Minister sagte kein Wort — und das Laboratorium wurde gebaut! —

Die tiefgreifendste Wirkung auf seine Lebensweise übte ein Unfall aus, der ihn im Herbste 1859 betraf. Er war in Passau in einem Gasthofe abgestiegen, dessen Schwelle mit einer eisernen Platte belegt war, die wie ein Spiegel glänzte. Liebig glitt aus und zerschmetterte sich die eine Kniescheibe. Sein telegraphisch berufener Schwiegersohn eilte aus Erlangen herbei, ließ einen hölzernen Tragstuhl bauen und brachte den Verletzten nach München. Die Heilung dauerte lang und war für den lebhaften Mann äußerst qualvoll. Es dauerte viele Wochen, bis er so weit hergestellt war, daß er am Krückstock ausgehen konnte. Den Krückstock hat er von da an immer geführt; Treppen pflegte er nach Möglichkeit zu vermeiden; im Hause beschränkte er sich auf das Erdgeschoß, während die Familie oben wohnte. Auf den regelmäßigen Spaziergängen am Nachmittage pflegte ihn nun eine der Damen des Hauses zu begleiten; zur Vorsicht wurde er sogar oft geführt.

Von Ausgehen am Abend, etwa zu Freunden, war nun keine Rede mehr; aber die Freunde erschienen um so regelmäßiger bei ihm: der Minister von Zwehl, der Physiker Philipp Jolly, der Anatom Theodor Bischoff, mitunter auch der viel beschäftigte Kliniker Karl Pfeuffer. Dann wurde der Tee mit der Familie im Speisesaal getrunken, vorher aber und nachher eine Partie Whist im Arbeitszimmer, das daneben lag, gespielt.

Dies Zimmer war mit einer hochgewölbten Decke versehen, weil es mit zum Laboratorium gehört hatte, ehe der Neubau errichtet war. Ein Laborant gehört in ein gewölbtes Gemach — auf allen Gemälden und Kupferstichen findet man es so. Gaslampen waren an beweglichen Armen angebracht, damals etwas Neues. Der hochbepackte Schreibtisch blieb unberührt. Ein leichter Spieltisch wurde in die Mitte des Zimmers gestellt, und die Sitte des Schweigens wurde strengstens gewahrt: es war ja Whist. Jeder Teilnehmer hätte sich entehrt gefühlt durch ein lautes Wort oder eine heftige Gebärde. Die silberne Dose mit dem trocknen, hellen Tabak lag vor dem Platze des Wirtes, der Prisen zu nehmen pflegte. Man sagt ,daß er gut spielte. Gröbere Fehler des Partners empfand er als Beleidigung.

Wenn keine Gäste da waren, pflegte er sich abends ebenfalls in sein Zimmer zurückzuziehen; er lag dann halb ausgestreckt auf einem Sofa — von oben fiel das Licht herab — und las mit weit vorgestrecktem Buche allerlei Anregendes, besonders Reisebeschreibungen. Seine Züge waren dabei lebhaft gespannt, als wenn er das Wort ergreifen wollte; seine stets rege Phantasie spielte offenbar mit den entlegensten Dingen.

Seine abendliche Unterhaltung mit Gästen war sehr lebhaft, aber ganz eigentümlich; von Gegenseitigkeit war nicht die Rede, er wollte weniger hören als verstanden werden. Es beschäftigte ihn zum Beispiel eine bevorstehende Akademierede; die Gedanken dazu ließ er dann vor den Gästen auftauchen, wie man wohl sieht, daß ein Künstler mit drei oder vier Bällen spielt: immer von neuem flog bald der eine, bald der andere auf, jeder nach der Reihe wurde sicher ergriffen und zuletzt zur Seite gelegt. Es war eine mündliche Vorbereitung, wobei der Ausdruck immer treffender wurde.

War so der Weg gebahnt, so wurde der Entwurf geschrieben, sehr rasch, mit breiter Stahlfeder in schöner Schrift — aber dann vielmals umgegossen, überklebt, verbessert. In jeder Fassung liebte er es, das Geschriebene vorzulesen, nicht etwa Kennern, sondern jederlei Hörern, und es freute ihn, wenn gerade Unkundige ihn verstanden, denen er dann für die Mühe dankte, während eigentlich sie zu danken hatten.

Vom gewöhnlichen Wesen des Professors hatte dieser Forscher nichts an sich. Er war eine sehr interessante Erscheinung, als Jüngling offenbar hervorragend schön, mit wunderbar dunkeln Augen und geschwungenen Brauen. Mit der natürlichsten Anmut bewegte er sich, die als angeborene Vornehmheit erschien. Einige Heftigkeit mag er wohl früher besessen haben, aber das war längst überwunden. Fakultätsgespräche oder -neuigkeiten lagen ihm fern. Nur wo es wichtige Stellen zu besetzen galt, wahrte er seinen Einfluß und trat dann mit Nachdruck auf. Dekanate scheint er nicht geführt zu haben, Rektorate sicher nicht, denn in seiner Natur lag nichts Genossenschaftliches. Er war er selbst. Für sich wußte er Geschäfte mit Kraft zu führen, aber Formalitäten für Körperschaften zu erledigen, liebte er nicht. Der Aktuar von der Akademie der Wissenschaften, der schüchtern genug zuweilen beim Präsidenten erschien, kam stets ungelegen, wann immer er erscheinen mochte. Liebig fühlte sich sogar beengt, wenn es galt, einige passende Worte allgemeinen Inhaltes für feierliche Gelegenheiten zu entwerfen und wandte sich dann an seinen Schwiegersohn Carrière mit der Klage: „Für solche Sachen habe ich keine Phantasie."

Seinen reichen Geist spielen zu lassen, zunächst um seiner selbst willen, aber doch so, daß andere von ihm lernten und sich an ihm bildeten: das war das Geheimnis seiner Wirksamkeit. Das fühlten auch sehr wohl die Damen, die im Winter 1853/54 in die damals neuen Vorträge strömten, die abends in seinem Hörsaale stattfanden. Damals war sogar das vornehme München dort zu sehen, obgleich der Gegenstand wenig verlockend war. Der Meister trug über Kristallisation vor. Es war merkwürdig, wie sein frisches Eingehen auf die Sache alle Hörer mitriß; man war entzückt, wenn er schilderte, daß die anorganische Natur die gerade Liebe liebt, „aber die organische Natur biegt die gerade Linie krumm". Ein geistlicher Zuhörer, Priester aus gräflichem Hause, war so ergriffen, daß er dann Monate lang im Laboratorium die Kunst betrieb, aus Chromalaun große Oktaëder wachsen zu lassen.

An der Südseite seines Hauses, Arcisstraße Nr. 1, gegenüber dem bekannten Eingange zum Glaspalast, lag damals ein schmaler Garten: Reben und Aprikosen rankten sich am Spalier hinauf. Dorthin führte er zuweilen die erwachsenen Mädchen aus der Bekanntschaft, die zufällig alle ähnlich klingende Namen hatten: Lilli, Lullu, Lella. Dann zeigte er ihnen die reifen Früchte, pflückte sie ab, brach sie in zwei Hälften und schob sie, strahlend vor Vergnügen, den jungen Freundinnen in den Mund. Wenn die zärtliche Fütterung vorüber war, küßte er im vollen Sonnenschein jede — sagen wir auf die Stirn, und das wurde ohne weiteres hingenommen und erwidert.

Mitunter litt er an Schlaflosigkeit; dann stand er auf und versuchte dies und das, so zum Beispiel Schnitte gerösteten Brotes, die mit Fleischextrakt bestrichen wurden. Zuweilen half es, und das freute ihn dann doppelt; zuweilen aber half es nicht, und dann verfiel er nach einigen Tagen in üble Stimmung. Aber dann kam bald das Ende des Semesters, und ein erlösendes Ereignis stand bevor: Friedrich Wöhler aus Göttingen hatte sich bereits angemeldet. Und richtig, er kam, der Mann mit dem schmächtigen Körper und dem gewaltigen Kopf, der vom Profil gesehen etwas an einen Widder erinnerte, weil sein Kinn stark zurücktrat und sein reicher Haarwuchs sich um die Ohren kräuselte wie die Hörner des Jupiter Ammon. Wöhler war der vollendete Gegensatz zu Liebig; er sprach vorsichtig, behutsam; alles wurde so geräuschlos wie möglich abgetan; keine Kraftäußerung sollte sichtbar sein; so schlicht wie möglich wollte er erscheinen. Er verbarg nicht, daß es ihm fast überall zu kalt war; er legte Gewicht darauf, leichtes und feines Essen zu finden; es freute ihn, wenn man einen Mantel zur rechten Zeit anbot oder einen Schirm, um ihn aus dem Regen zu retten.

Nun waren die beiden alten Freunde zusammen und reisten miteinander in die Schweiz (1869); nicht wegen der Landschaft: beiden war die Landschaft wenig ergiebig. Sie reisten dorthin, weil sie da ungestört beisammen sein konnten und suchten sich am Thuner See eine freundliche Unterkunft mit möglichst wenigen anderen Sommergästen. Die Wahl des Gasthauses hatte für Wöhler etwas Peinliches, er ließ seinem Freunde den Vortritt, damit dieser mit dem Wirte reden mußte. „Das machst du immer so, ich kenne dich," sagte dann Liebig. Und wenn sie ihre Zimmer gefunden hatten, setzten sie sich nebeneinander und blickten über den See hin. Es fiel ihnen gar nicht ein, sich unterhalten zu wollen: sie wollten beieinander sein, dabei ruhten sie sich am sichersten aus. Es war die eigentliche, stille, echte Freundschaft. Wöhler hatte berühmt feine Sinne; er sah alles, auch den Gabelweih, der über dem See seine Kreise zog und beschrieb ihn dem zuhörenden Freunde. Oder sie sprachen über die Plastizität des Gletschereises, über die Schuttkegel der Kalkberge, über die schützende Decke des Firns, der die höchsten Spitzen vor der Verwitterung bewahrt oder von der Eiszeit, als die erratischen Blöcke auf dem Rücken der Gletscher bis zum Jura vorgeschoben wurden. Oft aber sprachen sie gar nicht und lebten vergnügt nebeneinander hin. Der treulos gewesene Schlaf stellte sich allmählich wieder ein. Nach zwei oder drei Wochen reisten sie heim, freuten sich aufs nächste Mal oder erwarteten in München noch ihren Freund Hermann Kopp, der von Gastein zurückkehrte. Da wurde es wieder lebhafter unter den Dreien. Kopp war der Mann des unbegrenzten Wissens und zugleich des methodischen Scharfsinnes; an Gestalt höchst unscheinbar, aber von hoher Geisteskraft, im Gespräch ein unüberwindlicher Logiker. Alle drei zusammen zu sehen war ein merkwürdiges Schauspiel: jeder ließ dem anderen das Gebiet, worauf seine Stärke lag, und so blieben sie immer einig.

Vom Mittelrheine stammend hatte Liebig doch nicht den dortigen Ton der Unterhaltung. Eine Geschichte zu erzählen oder auch nur anzuhören, worin ein an sich gleichgültiger Vorfall nur um des Erzählens willen mit scharfer Charakteristik und wohlberechneter Spannung vorgetragen wurde — das war nicht sein Fall. Er sprach nur von Dingen, die ihn innerlich ergriffen, stets nur mit der Sache selbst beschäftigt. Wer hingegen um der Spannung willen erzählte, der lief Gefahr, von ihm unterbrochen zu werden: „aber Sie haben doch die verlorene Uhr wiederbekommen?" während doch die ganze Geschichte nur Sinn hatte, wenn der Ausgang vorläufig im Ungewissen blieb. Er war eben in allem ein starker Woller; von Leuten, die des Spieles halber erzählten fürchtete er, daß sie auch sonst nicht von Zielen und Zwecken erfüllt seien, und das war ihm weniger genehm. Er wollte Leute von hartem Willen sehen, freilich ohne von ihnen eingeengt zu werden. Daher lautete eines seiner Worte: „Ich lasse mit mir reden; aber ich vertrage keinen Widerspruch". Wenn er auf Gegner stieß, die durch Ruhe und Besonnenheit lästig fielen, pflegte er zu sagen: „es mögen gute Leute sein, aber sie setzen mir einen ‚baumwollenen' Widerstand entgegen."

Solche Worte gewöhnten sich seine Schüler an, zuerst im Scherz, dann in unbewußter Nachahmung, wie sie ja auch alle sehr bald seine Interjektionen im Munde führten und seine Kunstpausen im Gespräch gebrauchten.

* * *

Wie er nicht der geduldigste Hörer war, so erzählte er auch nicht viel aus seinem reichen Leben, sondern trug meist nur Ideen vor, die ihn augenblicklich gefangen hielten. Seine ganz verunglückte Schulbildung hat er allerdings in einer unterdrückten Vorrede geschildert, wie er als hoffnungslos unbrauchbar aus dem Gymnasium entlassen wurde nach dem Urteil von Lehrern, die dabei hochverdiente Männer waren und gewiß nur sagen wollten, daß der gescheiterte Schüler nicht für die Grammatik tauge. Ebenda hat er sein Vaterhaus erwähnt und anerkannt, wie die Vorliebe des Vaters für Präparate ihn angeregt habe und wie der Vater auf das damals unerhörte Abenteuer einging, den Sohn nach Bonn und Erlangen zu senden, damit er Chemie studiere. Die Mutter, jene Frau mit den zarten Händen und dem derben Lebensverstande, stimmte bei und ließ ihn einer unbekannten Zukunft entgegensteuern

— schwerlich ahnend, daß die erste Eroberung des siegreichen Jünglings das Herz eines Dichters sein würde.

In Erlangen lebte damals der Graf August von Platen, der, fast berauscht von dem Umgange mit dem schnell gefundenen Freunde, seine Empfindungen in ein Sonett ergoß, das allgemein bekannt ist. „Ich habe den gefunden," sagt der Dichter, der „mich reich ergänzen kann an Sein und Wissen." Ein bezeichnender Satz: der Gelehrteste aller Dichter redet hier vom Wissen, das der ungelehrte Freund ihm entgegenbringe; seltsam, aber doch verständlich.

Platen war der Mann der allgemeinen Bildung, seine Dichtung war das Ergebnis der Kulturarbeit von Generationen: er ist unter den deutschen Poeten weitaus der gymnasialste. Seine Welt war damals schon die Literatur; später trat die Kunstgeschichte Italiens noch hinzu. Mit Platens Augen sah man Venedig und Rom, ehe Jakob Burckhardt die Führerstellung übernahm. Eine zarte, sozusagen mitleidende Seele war ihm eigen, die sich am Genuß fertiger Kunstwerke nährte. Freilich hat er den Zweig der historischen Lyrik selbständig geschaffen; denn in so wenigen Zeilen, wie er den alternden Karl den Fünften oder den jugendlich siechen Otto den Dritten gezeichnet hat, war es vor ihm nie versucht worden. Aber im ganzen war bei ihm die Wucht des unmittelbaren Schaffens nicht sehr groß. Fast immer ließ er nur den wohllautenden Widerhall vorausgegangener Kunst ertönen. Seine Dichtung gleicht dem Efeu, der den Schutt verfallener Tempel überspinnt.

Nun fand er einen Freund, der nach dieser Richtung völlig ohne Verdienst und ohne Ansprüche war. Da fühlte nun der reizbare Dichter deutlich, daß sich hier eine mächtige Persönlichkeit auf ganz anderer Grundlage emporrang: ein Baum schoß hier aus natürlichem Erdreich auf, mit wildwüchsigem Trieb — und der Efeu schlingt sich gern an Bäumen empor.

Es konnte für Liebig nicht gleichgültig sein, sich so von dem Träger höchster Bildung verstanden zu sehen. Es war nicht üblich, daß er bei Dichtern Erholung suchte, aber es kam doch vor, daß er in eine der vielen Schubladen seines Schreibtisches griff: er nahm einige sauber von Platens Hand geschriebene Blätter heraus und las aus der Urschrift dies oder jenes venetianische Sonett vor. Nicht oft hat Liebig eine solche literarische Neigung blicken lassen, und es geschah wohl damals nur, weil er seinen Freund feiern wollte. Er fügte den jungen Hörern gegenüber keine Erläuterung hinzu, weshalb ihm diese Gedichte so teuer waren, und das an ihn selbst gerichtete Sonett Platens hätte er wohl niemals vorgelesen.

Sinn für Kunst, für redende oder bildende, hatte er nicht, wie überhaupt jeder rezeptive Genuß ihm fremd war. Das Nachfühlen war seine Sache nicht.

Und doch war er durch und durch in seiner Weise Künstler im edelsten Sinne des Wortes, nur war er es nicht im Genuß, sondern im Schaffen.

Unsere vielgerühmte Gymnasialbildung lehrt im besten Falle gerade die Nachempfindung, allerdings der größten Leistungen, die uns auf literarischem Gebiete überliefert sind; sie bildet also, wenn sie überhaupt etwas erreicht, wesentlich den Geschmack. Wohl uns, daß sie es tut, aber wehe uns, wenn dem Volke nichts anderes geboten wird. Wie man im achtzehnten Jahrhundert Hauslehrer wurde, vielleicht gar als solcher in fremde Länder ging, so wäre jetzt dem Deutschen die Laufbahn des Oberlehrers die natürliche Lebensbahn: die Schule wäre dazu da, um stets wieder Lehrer zu erzeugen! Kann dies die richtige Erziehung im allgemeinen sein? Sollte nicht die klassische Bildung auf engere Kreise beschränkt bleiben, während das Volk in seiner Breite unmittelbar fürs Leben erzogen würde, nicht für historische Betrachtung desselben?

Damals war der technische Unterricht noch wenig angesehen, während doch der klassische nicht alle befriedigen konnte. Deshalb war Deutschland voll von problematischen Naturen. Begabte Söhne aus guten Familien gab es genug, aber wie viele von ihnen sind geistreich verbummelt und endeten unscheinbar, nachdem sie als Kneipgenies eine kurze Blüte erlebt hatten. Sie führten die Verse des unerschöpflichen Goethischen Faust im Munde und kamen sich groß vor, wenn sie das wirkliche Leben verachteten, das ihnen keine Ziele bot. Krieg gab es nicht, und die Verwaltung war langweilig. Dem deutschen Leben fehlte jeder große Zug. Die Hegelische Philosophie war blendend, aber nahrhaft war sie nicht. Die Naturphilosophen deuteten in die Tiefe, aber sie redeten mehr von der Natur, als sie davon verstanden. Aus dem Tübinger Stift sind große Geister entsprungen, nur konnten dort keine Naturforscher aufwachsen, wo doch eigentlich die Theologie den Boden bildete.

Daher der ungeheure Erfolg des Gießener Laboratoriums. Einer schlaffen Zeit öffnete sich ein Tummelplatz für verborgene Kräfte. Wie jämmerlich es sonst in Deutschland aussehen mochte, niemand hinderte jene Männer, am Sandbade mit Retorten zu arbeiten, Körper durch Analyse zu trennen, die bis dahin in ihrer Zusammensetzung unerkannt geblieben waren; oder gar neue Körper synthetisch zu schaffen, als Kristalle sichtbar zu machen, die bis dahin niemand gesehen hatte. Ja, es kam vor, daß Körper, die nur als Produkte des tierischen Lebens bekannt waren, nun durch die Hand des Laboranten als künstliche Nachbildung geschaffen wurden.

Die Schüler fanden kaum mehr Zeit für die Literatur, noch weniger für studentische Torheiten. Wer geschäftlichen Sinn hatte, wurde Fabrikant, statt sich an die Krippe des Staates zu drängen. Wen aber der Geist dazu trieb, der half die neue Wissenschaft ausbauen. In diese gewölbten Räume trat vielleicht manche Faustnatur ein, die aber heraustraten, waren kerngesund und brauchten sich keinem Mephisto zu verschreiben.

War das nicht unendlich viel mehr, als was man aus alten Schriftstellern lernte? Hier schuf die neue Zeit selber etwas Neues, und dies Neue war zugleich von höchster Brauchbarkeit.

Wer hat die Gegend des Laplatastromes mit Industrie erfüllt? Wem verdanken wir die zahllosen Schlote chemischer Fabriken im Westen Deutschlands von Metz bis Magdeburg? Tausende von Arbeitern leben davon, Hunderte von reich gewordenen Fabrikanten gründen ihr modernes Junkertum auf seine Leistungen. Das sind so die Brocken, die von seinem Tische fielen. Seine Schüler waren es, welche die Teerfarbenindustrie ins Leben riefen. Der Chemiker A. W. Hofmann ist sein Schüler gewesen: ihn hatte er erkannt, den ratlos gewordenen Gießener Studenten aus dem Nachbarhause, der selber nicht ahnte, was in ihm lag; er hat ihn zurecht geschmiedet, denn die chemische Pädagogik verstand er wie sonst keiner.

Auch die agrarischen Junker — sie wohnen von Magdeburg bis Memel — haben den Hauch seines Geistes gespürt. Sie hatten bis dahin von Regulierungen und Ablösungen gesprochen, von Separation, vom Leutnantsdienst in Potsdam, vom charakterlosen Westen. Nun tauchte die Frage der Pflanzenernährung auf, die künstliche Düngung wurde sogar als Tischgespräch zulässig, man hörte die Worte Kali und Superphosphat. Neben den alten Meister Albrecht Thaer stellte sich der junge Liebig und half dem Osten empor.

Die deutsche Sprache hat er gezwungen, sich dem Ausdrucke chemischer Gedanken zu bequemen. Wie leicht lesen sich die „chemischen Briefe!" Selbst Jakob Grimm hat das mit warmen Worten anerkannt, er, der Mann der Rechtsaltertümer, grüßte freundlich hinüber zu dem Manne, der über Guano und Stickstoff schrieb.

Viel von seiner beredten Schreibart hatte sich Liebig als junger Mann in Frankreich angeeignet, und die Erlernung der französischen Sprache hat ihm manches Versäumte ersetzt. In den gedrängt vollen Vorlesungen in Paris mußte man früh am Platz erscheinen, wenn man die Experimente sehen wollte, und in diesen vielen Viertelstunden des Wartens pflegte er Bücher zu lesen und aus tragbaren Wörterbüchern Rat zu schöpfen. Eine warme Dankbarkeit für das, was er in Frankreich genossen hatte, bewahrte er bis zu allerletzt. Auch damals, als politische Leidenschaften auflohrten, hat er nie geduldet, daß über diese Nation ganz im allgemeinen absprechend geurteilt wurde.

Auch muß man Liebigs Ausfälle gegen die Gelehrsamkeit nicht zu wörtlich nehmen. Es waren immer merkwürdige Bücher aus der Hof- und Staatsbibliothek in seinem Hause, ob er nun gerade über Baco von Verulam schrieb oder nicht. Sogar Döllingers Geschichte des Urchristentums lag gelegentlich auf dem Tisch. Über Kopps schwer gelehrte Geschichte der Chemie hat sich keiner mehr gefreut als er; sie war die Unterlage für die köstliche Darstellung der Phlogiston-Theorie in den „chemischen Briefen": da ist er fast wider Willen selber zum Historiker geworden, und es gibt Leute, die an diesem Beispiel den ersten Eindruck historischer Auffassung der Dinge erlebt haben. Nichts lag ihm ferner, als etwa den maßlos gelehrten Alexander von Humboldt gering zu schätzen; schon die unerhörte Leistung, die im Kosmos vorlag, erfüllte ihn mit Andacht. Er hätte jeden niedergedonnert, der es gewagt hätte, an seinem großen Gönner zu mäkeln.

Auch war er selbst ein Gelehrter geworden, weniger durch die Schule als durch das eigene Leben und nie durch totes Gedächtnis, immer durch lebendigste Aneignung. Wenn er Stilübungen haßte, so wurde er doch selber nie müde, die Form der eigenen Darstellung zu pflegen und durch Feilung zu erhöhen, stets freilich in der Meinung, daß es nur der Sache wegen geschehe. Für ihn entstand die Form aus dem Inhalt heraus, und so ist sie bei schöpferischen Geistern zu allen Zeiten entstanden. Nicht alexandrinische Künstelei erschafft das Schöne. Die Schönheit ist der ungesuchte Lohn, den die Musen dem erteilen, der mit höchstem Ernste den Inhalt seiner Gedanken zum einfachsten Ausdrucke bringt. In diesem Sinne war er ein Künstler.

Aber das höchste Kunstwerk, das er schuf, war er selbst. Sich selber hat er emporgebildet zu einer staunenswerten Ganzheit und Abrundung, ohne fremde Hilfe, ganz und gar aus sich heraus. „So liegt es in mir; das, was ich bin, soll ganz zum Vorschein kommen", das verkündigte jede seiner Taten und jede Bewegung seiner Gestalt.

In Alexander von Humboldt ragte noch eine Säule des achtzehnten Jahrhunderts empor. Liebig war einer der ersten, die als Söhne des neunzehnten Jahrhunderts auf den Plan traten. Die Überlieferung war ihm nichts, die Gegenwart und die Zukunft waren ihm alles. Er wollte nicht Gewordenes verstehen, sondern seine Zeit bilden, wie sie ihm vorschwebte. Als unbefangene Kraftnatur schuf er nach eigenem Ideal. Die Stilisten hat er verworfen, aber er selber aus seiner Kraft heraus hatte Stil. Er war der vollendete Ausdruck des modernen Menschen, der sich aus eigenem Rechte seine Geltung verschafft.

„Wir in diesem neunzehnten Jahrhundert wollen sein, wie wir sind; wir treiben Naturwissenschaft, und das wird so gemacht; ärgert Euch, wenn Euch das nicht gefällt; hier steht einer, der es kann — und der bin ich."

So stolz trug er sein Haupt, und so leidenschaftlich war sein Empfinden.

Es gibt Bildhauer, die seine Gestalt in lehrhafte Würde eingehüllt haben, als wenn es gelte, den Direktor einer Realschule zu verewigen. So ist er nicht gewesen! In der lebhaften Rede, in dem rücksichtslosesten Draufgehen, im Leuchten seiner Augen lag seine eigentliche Kraft. Was den Bildhauer anziehen mußte, war der fein geschnittene Kopf, denn dieser Kopf war für den Marmor geschaffen. Und in der Tat, das Marmorbild von Wagmüllers Hand, das jetzt auf dem Maximiliansplatz steht, was ist es anders, als die gelungenste Verwirklichung des Gedankens, das edle Haupt für die Nachwelt sichtbar zu erhalten. Es ist durchaus ähnlich und nur soweit idealisiert, um den Beschauer zur ahnenden Erfassung des Lebensinhaltes anzuregen.

Es war ein weiter Weg, den der Sohn des schlichten Bürgerhauses zu wandeln hatte, bis sein Bildnis in so edlem Stein errichtet werden konnte; er hat diesen Weg mit der Sicherheit des Nachtwandlers durchmessen. Jeder, der ihn kannte, sah es voraus. Seine überlegene Natur ist nie bezweifelt, niemals ernstlich angefochten worden. Mancher seiner Zeitgenossen verstand vielleicht sein Wirken nicht ganz — aber jedermann begriff die kristallinische Geschlossenheit seiner Person und den siegesgewissen Adlerflug seines Geistes.

Druck: Julius Abel GmbH., Greifswald

Printed by Libri Plureos GmbH
in Hamburg, Germany